A MON PÈRE, A MA MÈRE.

A TOUS CEUX QUE J'AIME.

ACTE PUBLIC

POUR LA LICENCE,

EN EXÉCUTION DE L'ART. 4, TIT. 2, DE LA LOI DU 23 VENTOSE AN 12.

SOUTENU

PAR M. BATSALE (Marie-Joseph-Alfred).

Né a Pau (Basses-Pyrénées.)

JUS ROMANUM.

INST. JUST. — LIV. II, TIT. XIX.

De hæredum qualitate et differentiá.

In jure romano tria distinguebantur hæredum genera; necessarii, sui

1850

et necessarii, et extraner. Dè quorum singulis in extenso loquamur , ut aperte appareat eerum differentia.

Di hæredibus neeessariis.

Hæres necessarius est servus a domino hæres institutos. Necessarius appellatur, quia, sive velit, sive nolit, post mortem testatoris, hæreditas illi competit, et eam ullo modo repudiare non potest. Necesse est , ut hæres necessarius sit , in eadem causa maneat ; quia , si ab ipso testatore manumissus fuerit, suo arbitrio hæreditatem adire . potest, si alienatus , novo domino et illius jussû tantum bona hæreditatis acquiret.

Hujus institutionis utilitas in eo consistit , ut bona dominorum qui solvendo non sunt , post mortem eorum , non ipsorum sed hæredis necessarii nomine , a creditoribus possideantur , vel distrahantur , vel inter eos dividantur. Propterea quicumque facultates suas suspectas habebat, servum suum primo, aut secundo, aut ulteriore gradu instituebat, et ità infamiam vitabat.

Pro dedecore quod in servum dejiciebatur, duo illi commoda præstantur : beneficium libertatis et beneficium separationis. Beneficium libertatis in eo consistit ut sola hæredis institutio servo libertatem conferebat. Beneficium separationis in eo consistit ut hæres necessarius sibi reservare poterat quidquid , post mortem testatoris , vel ex suâ industriâ , vel ex aliorum liberalitate acquisiverat , quamvis defuncti bona creditoribus non sufficerent.

De suis et necessariis hæredibus.

Sui et necessarii hæredes sunt liberi in potestate testatoris tempore mortis constituti, et qui, momento delatæ hæreditatis, proximum habent gradum in familiâ, velut filius filiave, nepos neptisve ex filio, et deinceps cœteri. Sed uti nepos neptisve sui et necessarii hæredes sint, non sufficit eum eamve, in potestate avi mortis tempore fuisse, sed opus est ut pater quoque ejus, vivo patre suo, desierit suus hæres esse, aut morte interceptus, aut quælibet aliâ ratione liberatus potestate : Tunc enim nepos neptisve in locum patris sui succedit.

Sui hæredes dicuntur, quia non alienam sed quodammodo suam hæreditatem accipiunt, et vivente adhuc patre, quasi domini et patris socii existimantur.

Dicuntur necessarii, quia ipso jure inviti et ignorantes hæredes fiunt. Si hæredes necessarii, sive nolint, sive velint, defuncti personam sustineant, necesse est creditoribus hæreditariis satisfacere teneantur, quamvis bona paterna non sufficiant. Ità se res habebat pristino juris tempore. Sed prætor pristini juris acerbitatem emendans, suis et necessariis hæredibus dedit potestatem hæreditate se abstinendi, ità ut parentis bona solùmmodo a creditoribus possiderentur. Se abstinere jam non possunt, cum se hæreditatis bonis immiscuerunt..

De hæredibus extraneis.

Extranei hæredes dicuntur qui testatoris juri subject. non sunt, qui ultimæ voluntati defuncti parere non tenentur, et hæreditatem sibi testamento delatam, suo arbitrio, aut aquirere aut omittere possunt. Ità etiam voluntarii hæredes appellantur.. Sunt extranei hæredes omnes homines libertate fruentes, qui ad hæreditatem vocati in potestate defuncti non sunt : Ita liberi emancipati a patre hæredes instituti, qui a matre hæredes instituuntur, servi hæredes necessarii a domino instituti, et deinceps post testamentum factum ab eo manumissi, hæredes extranei habentur.

In extraneis hæredibus illud observandum est ut cum eis testamenti factionem habeat testator. ,

Testamenti factio triplici tempore inspici debet : tempore facti testamenti , testatoris defuncti et adeundæ hæreditatis. Testamenti facti inspicienda est ut consistat institutio; nam quæ ab initio non valuit ex post facto convalescere non potest. Testatoris defuncti ut effectum habeat institutio, id est ut dies ejus utiliter cedat. Hæreditatis adeundæ ; nam jus hæredis eo maxime tempore inspiciendum est quo adquirit hæreditatem.

Medio tempore inter factum testamentum et testatoris mortem , mutatio juris hæredi non nocet.

Hæres extraneus deliberandi potestatem habet an hæreditatem accipiat, vel repudiet. Si repudiet a bonis hæreditariis omnino amovetur, si contra accipiat, hæreditate semel acceptâ, defuncti partes sustinet, et creditoribus hæreditariis subjicitur, licet hæreditas sit impar eis solvendis. Si se hæreditariis bonis immiscuerit, aecepisse consetur.

Quicumque hæreditatem accepit, illuis relinquendæ facultatem non habet, nisi sit minor viginti-quinque annis. Quippe ejus ætatis homnibus deceptis, succurrit prætor ita ut daumosam hæreditatem quam acceperint, develinquere possint.

Divus Adrianus majoribus viginti-quinque annis eamdem concessit veniam, quotiescumque post acceptam hæreditatem, grande æs alienum, quod acceptæ hæreditatis tempore latebat, apparuisset. Hoc beneficium postea divus Gordianus militibus tantum concessit.

Decus legi romanæ intulit Justinianus constitutione, quæ beneficium inventarii hæredibus præstitit. Quo hæres, remotâ deliberandi sollicitudine, si omnium rerum hæreditariarum, legitimo modò, intra certum tempus, fideliter inventorium fecerit, non potest à creditoribus conveniri ultra vires hæreditatis. Inventorium confici debet intra nonaginta dies si res propinquæ sint, et intrà annum si longius absint. Hoc beneficio illud commodum hæredi tribuitur, ut ipse quamvis hæres, si defuncti creditor fuerit, suam non confundat personam cum defuncti personâ; sed, ut autea creditor maneat, et adversus hæreditatem suas actiones, sicut quilibet creditor, exerceat.

Omnis hæreditas, sive testamento, sive ab intestato delata, voluntate vel facto acquiritur. Voluntate acquiritur, quotiescumque hæres apertâ testatione accipere nuntiat. Facto acquiritur, quotiescumque hæres tamquam dominus hæreditaria bona gerat, si illis utatur vel vendendo, vel colendo, vel locando. Ità se res habent, dummodo sciat eum in cujus bonis tanquam dominus gerit, testatum intestatumve obiisse, et se hæredem ei esse.

CODE CIVIL.

—

De la spécialité et de la publicité des hypothèques.

« L'hypothèque est un droit réel sur les immeubles affectés à l'ac-
» quittement d'une obligation. »

Ce droit se résout dans le pouvoir donné au créancier, de suivre
l'immeuble affecté à la sûreté de sa créance, en quelques mains qu'il
passe, d'en provoquer la vente, et de se payer sur le prix qui en pro-
vient.

Il y a trois espèces d'hypothèques : L'hypothèque légale, l'hypothèque
judiciaire et l'hypothèque conventionnelle.

L'hypothèque légale a sa cause dans la protection que la loi doit à
tous ceux, qui, par nature ou par position, se trouvent dans l'impos-
sibilité de surveiller leurs intérêts, de prendre les précautions que né-
cessite leur conservation. Elle appartient pour leurs droits et créances :
aux femmes mariées, sur les biens de leur mari; aux mineurs et aux
interdits, sur les biens de leur tuteur à la nation, aux communes et
aux établissements publics, sur les biens des receveurs et administrateurs comptables.

L'hypothèque judiciaire a pour but d'assurer l'exécution des décisions rendues par les tribunaux, et d'augmenter ainsi le respect dû à
la justice. Elle résulte des jugements et des reconnaissances ou vérifi-

cations, faites en jugement, de signatures apposées à un acte obligatoire sous seing-privé.

L'hypothèque conventionnelle est destinée à faciliter le crédit au propriétaire de biens immeubles. Elle doit être consentie dans un acte passé en forme authentique par des personnes capables de disposer des biens qu'elles y soumettent.

Les divers buts que remplissent ces trois espèces d'hypothèque, sont d'une utilité trop évidente pour avoir besoin d'être prouvée. Mais quelque grande qu'elle soit, il était de rigoureuse justice de ne pas lui sacrifier les intérêts du grévé d'hipothèque et ceux des tiers. Une personne qui subissait, ou qui avait consenti une hypothèque, et qui avait des biens d'une valeur de beaucoup supérieure au montant des créances hypothécaires, ne devait pas avoir son crédit resserré dans des limites tellement étroites, qu'elle ne pût plus contracter un nouvel emprunt. Il ne fallait pas qu'un prêteur sur hypothèque, et qu'un acheteur d'immeuble hypothéqué, fussent exposés à être dépouillés, l'un de son gage, l'autre de son acquisition, par des hypothèques antérieures à la nouvelle concession d'hypothèque, ou à la vente, sans pouvoir connaître leur existence en aucune façon. Nos législateurs ont remédié à ces deux inconvénients en soumettant l'hypothèque à la spécialité et à la publicité. Nous allons examiner dans deux sections distinctes, la manière dont ils ont appliqué chacun de ces principes, et les exceptions qu'ils ont été obligés d'y apporter.

SECTION PREMIÈRE.

De la spécialité de l'hypothèque.

La spécialité de l'hypothèque résulte de la double désignation des biens hypothéqués et de leur situation, faite dans l'acte qui en est constitutif. Destinée à favoriser le crédit du débiteur, et à éviter un concours de créanciers dispendieux pour lui , il est à regretter qu'elle n'ait pas pu être appliquée d'une manière absolue et rigoureuse. Malheureusement , la nature de certaines créances, a obligé le législateur à s'en départir dans bien de cas. C'est ce dont va nous convaincre l'examen des diverses espèces d'hypothèques sous ce point de vue.

L'hypothèque que la loi donne à la femme pour les droits et créances, porte sur tous les immeubles présents du mari et sur les immeubles à venir., à mesure qu'ils entrent dans son patrimoine. Une hypothèque spéciale eût peut-être suffi pour garantir ces droits et créances, au moment même de la célébration du mariage. Mais des donations, des successions, pouvaient chaque jour venir en augmenter la quotité, et comme il est fort douteux que , dans cette hypothèse , elle eût songé à prendre un surcroît de sûreté, ou que le mari eût consenti à le lui laisser prendre, la loi l'a avec raison protégée par la généralité de son hypothèque, contre sa faiblesse, ou son peu de prévoyance.

Celle du mineur ou de l'interdit porte sur tous les biens présents et à venir du tuteur. Les motifs qui excluaient sa spécialité pour la femme, la repoussaient pour lui à plus forte raison. De plus, la loi lui devait une protection égale, sinon plus forte; car il n'est pas toujours en état de comprendre ce que demande la conservation de ses intérêts, et de se soustraire à la dépendance dans laquelle il se trouve.

Celle de la nation, des communes et des établissements publics, sur les biens des receveurs et administrateurs comptables, est encore générale. Cette généralité a sa raison dans la nature tout-à-fait indéterminée des créances dont ils peuvent se trouver débiteurs.

Il en est de même de l'hypothèque judiciaire. L'immense intérêt que la société avait à ce que les ordres de la justice reçussent pleine et entière exécution, ont déterminé le législateur à sacrifier le crédit du condamné, en la faisant porter sur tous ses biens présents et à venir.

L'hypothèque conventionnelle est la seule qui soit rigoureusement .

soumise à la spécialité. Elle n'est valable que tout autant que l'acte authentique qui la constitue contient les désignations que comporte la spécialité. Il est à regretter que les tribunaux se montrent si faciles à réputer ces désignations accomplies. En agissant ainsi ils contrarient entièrement les vues des rédacteurs de la loi, qui, par leur moyen, voulaient faire peser aux emprunteurs les conséquences si onéreuses de l'hypothèque, et l'empêcher de ruiner ou de diminuer son crédit avec trop de facilité.

SECTION IIe.

De la publicité des hypothèques.

La publicité de l'hypothèque résulte de son inscription sur un registre tenu à cet effet dans chaque bureau de conservateur des hypothèques. Cette inscription se fait naturellement au bureau de l'arrondissement dans lequel est situé l'immeuble grevé.

Le créancier qui requiert une inscription doit présenter l'original en brevet ou une expédition authentique du jugement ou de l'acte qui donne naissance à l'hypothèque, et deux pièces que l'on appelle bordereaux.

Les bordereaux doivent contenir :

1° Les noms, prénoms, domicile du créancier, sa profession, et l'élection d'un domicile dans un lieu quelconque de l'arrondissement du bureau ;

2° Les noms, prénoms, domicile du débiteur, ou une désignation individuelle, spéciale, telle que le conservateur puisse reconnaître, dans tous les cas, la personne dont l'immeuble est grevé d'hypothèque ;

3° La date et la nature du titre ;

2

4° Le montant du capital des créances exprimées dans le titre et de leurs accessoires, et l'époque de l'exigibilité;

5° Enfin, l'indication de l'espèce et de la situation des biens sur lesquels doit porter l'hypothèque.

Cette dernière mention n'est pas nécessaire dans l'inscription des hypothèques judiciaires et légales. Une seule inscription suffit pour frapper tous les immeubles compris dans l'arrondissement du bureau où elle a été prise, pourvu qu'il soit dit que l'hypothèque est légale ou judiciaire.

Le conservateur des hypothèques, après qu'il a littéralement copié sur son registre le contenu des bordereaux, remet au créancier l'un d'eux au pied duquel il certifie avoir fait l'inscription, et conserve l'autre pour sa garantie personnelle.

Les avantages que la concession d'hypothèque donne au créancier, sont entièrement subordonnés à son inscription. Le créancier hypothécaire qui aura négligé de se faire inscrire, ne pourra opposer son hypothèque à personne, pas même aux créanciers chirographaires; il sera payé comme eux, au marc le franc de sa créance, sur le prix de tous les biens du débiteur.

Si plusieurs créanciers hypothécaires se sont tous inscrits, mais à des dates différentes, le premier en date d'inscription, fût-il le dernier en date de créance ou d'acquisition d'hypothèque, prime tous les autres. Ainsi entre eux le rang se détermine, non par la date des créances ou des événements qui ont donné naissance aux hypothèques, mais par celle de leurs inscriptions : *Qui prior est tempore, prior est jure.*

Si tous se sont inscrits le même jour, le temps se compte *de die in diem* et non *de hora in horam*, ils précèdent les créanciers chirographaires, et concourent entre eux; car étant égaux en temps, ils sont égaux en droit.

L'hypothèque est toujours soumise à l'inscription, qu'elle soit légale judiciaire ou conventionnelle. L'immense intérêt que les créanciers ont à accomplir cette formalité, est une garantie suffisante pour qu'ils ne manquent pas de le faire. Mais encore pour cela faut-il qu'ils aient la conscience de leurs droits, ou l'indépendance nécessaire pour les faire respecter. Les mineurs et les interdits n'acquièrent l'une qu'à une époque où elle ne leur est plus utile; la femme mariée n'est maîtresse de l'autre que lorsqu'elle ne peut plus lui être d'aucun avantage.

Aussi l'hypothèque accordée par la loi aux mineurs et aux interdits et à la femme mariée, eût-elle été une garantie illusoire, si on l'eût soumise à la formalité de l'inscription. Ces personnes étant en fait, incapables ou empêchées, la plupart du temps, de faire des actes conservatoires de leurs droits, cette inscription eût été rarement prise. Le législateur l'a parfaitement compris. Il l'a prouvé en déclarant formellement qu'elle produirait ses effets indépendamment de toute inscription.

La dispense de l'inscription l'obligeait à préciser l'époque à partir de laquelle ses effets commenceraient. Il l'a fixée en faveur du mineur ou interdit pour toutes ses créances au jour où commence la responsabilité du tuteur; en faveur de la femme mariée, pour sa dot et ses conventions matrimoniales au jour de la célébration du mariage, et pour les créances résultant de successions ou dotations, à celui auquel remonte leur exigibilité.

L'inscription conserve son effet à l'hypothèque, pendant dix ans, à compter du jour de sa date. Renouvelée dans ce délai, elle dure encore dix ans, à compter du renouvellement, et conserve au créancier, le rang que lui assurait l'inscription originaire.

A défaut de ce renouvellement, elle est considérée comme n'ayant jamais existé, par rapport à son rang seulement. Le créancier, tant que son titre n'est pas prescrit, peut prendre une nouvelle inscription, qui produit, à sa date, les mêmes effets, que produirait une première inscription prise à la même date.

De la publicité des priviléges.

« Le privilége est un droit que la qualité de la créance donne à un
» créancier d'être préféré aux autres créanciers, même hypothé-
» caires. »

Il porte sur les meubles et sur les immeubles.

Celui qui porte sur les immeubles est accordée à trois espèces de
créanciers :

1e Au vendeur, sur l'immeuble vendu, pour le paiement du prix ;

2° Aux co-heritiers ou co-partageants, sur les immeubles de la suc-
cession ou de la société, pour la garantie des partages faits entr'eux,
et des soultes et retours de lot ;

3° Aux architectes, entrepreneurs et ouvriers, sur l'immeuble auquel ils ont travaillé, pour la plus value que leurs travaux lui ont
donnée.

Le privilége accordé à ces trois espèces de créanciers, étant opposa-
ble aux tiers, il importe que ces derniers soient avertis de son existence, afin qu'ils puissent calculer d'une manière exacte le crédit que
mérite le débiteur. Aussi son effet est-il subordonné à la condition qu'il
aura été rendu public par l'inscription. De plus cet effet ne commence
qu'a partir du jour où l'inscription a été faite.

Cette régle, en vertu de laquelle le privilége est soumis à l'inscription, et ne produit d'effet qu'à partir du jour où elle a été prise, souffre
deux exceptions. La première consiste dans le remplacement de cette
pénalité par une autre, et la seconde dans l'effet rétroactif accordé à
l'inscription.

PREMIÈRE EXCEPTION.

Le vendeur conserve son privilége sur l'immeuble vendu, non seulement par l'inscription, mais encore par la transcription du titre de vente, pourvu que ce dernier ne porte pas quittance du prix.

La transcription est la reproduction littérale de l'acte de vente en entier, sur un registre spécial à ce destiné, qui se trouve au bureau de la conservation des hypothèques.

La transcription faite à la requête de l'acquéreur conserve le privilége du vendeur, de la même manière que si elle avait été requise par ce dernier. Toutefois, comme l'acte de vente, qui est transcrit en entier, se trouve souvent composé de tant de clauses, que celle portant que le prix est encore dû, pourrait se perdre au milieu des détails et passer inaperçue pour ceux qui auraient intérêt à la connaître, la loi, pour remédier à cet inconvénient, a imposé au conservateur des hypothèques, l'obligation d'inscrire d'office, sur le registre particulier des inscriptions, le privilège mentionné déjà dans la transcription.

Seconde exception.

Les priviléges qu'ont les co-partageants, soit pour les soultes, soit pour le prix de la licitation, doit être inscrit dans les scixante jours, qui suivent l'acte de partage, ou l'adjudication par licitation. inscrit dans ce délai, le privilége produit son effet, non pas à compter du jour de l'inscription, mais à partir de celui où il est né.

Si le co-partageant laisse passer le délai de soixante jours sans prendre inscription, son droit est, non pas complètement perdu, mais diminué, amoindri. De privilége, il se transforme en hypothèque légale. Il ne prime alors que les créanciers chirographaires, et les créanciers hypothécaires dont l'inscription est postérieure à la sienne, tandis qu'il est primé par ceux qui se sont inscrits avant lui.

Il n'y a pas de disposition dans la loi qui oblige le vendeur à faire l'inscription de son privilége dans un délai donné. La transcription de l'acte de vente le met, du reste, à l'abri de tout danger, à quelque époque qu'il la fasse faire.

Le privilége accordé aux ouvriers et architectes, est le seul qui ne produise d'effet que par l'inscription, et à compter du jour où cette inscription a été faite.

Si l'immeuble, sur lequel porte le privilége, vient à être vendu, avant son inscription, les créanciers privilégiés doivent se faire inscrire dans la quinzaine de la transcription de l'acte, faite par le tiers-acquéreur. S'ils négligent de remplir cette formalité dans le délai voulu, ils sont entièrement déchus de leurs droits sur l'immeuble vendu, et l'acquéreur peut, sans péril aucun, payer le prix de la vente entre les mains du vendeur.

Exposé sommaire des points principaux sur lesquels le système hypothé-caire actuel appelle des réformes.

Les lois, comme tous les ouvrages des hommes, présentent des avantages et des inconvénients. Il faut accepter les uns comme une fatale compensation des autres. Malheureusement les critiques goûtent peu cet avis ; ils prétendent exiger une perfection absolue dans les institutions. Ils l'ont surtout montré à l'égard de notre système hypothécaire. A les en croire, il ruine entièrement le crédit public par les charges qu'il impose à l'emprunteur, et il faudrait le changer en tout et pour tout.

Pour nous, nous ne sommes pas aussi exclusifs sur son compte, et nous souhaitons seulement qu'il reçoive des modifications, qui ne lui donneront pas sans doute cette perfection chimérique après laquelle soupirent certaines personnes, mais qui remédieront à une partie de ses inconvénients. Nous allons exposer brièvement les points sur lesquels nous les appelons.

Nous voudrions d'abord qu'on ramenât à la spécialité et à la publicité les hypothèques légales dn mineur et de la femme mariée. Leur généralité et leur clandestinité s'opposent à ce que le crédit d'une personne ait pour mesure, comme il devrait l'avoir, la valeur de ses biens immeubles, et portent ainsi un grave préjudice au crédit public.

Nous en dirons autant de l'hypothèque judiciaire par rapport à sa généralité. Il est bon de respecter et de vouloir faire respecter la justice; mais il ne faut jamais pousser les choses jusqu'à l'exagération. Une hypothèque spéciale, qui serait indiquée par les tribunaux, garantirait tout aussi bien l'exécution des décisions et actes judiciaires, que l'hypothèque générale, qui est encore accordée aujourd'hui.

La procédure d'expropriation est trop longue et trop coûteuse surtout. Il faudrait l'abréger autant que possible, et faire, par le peu de frais qu'elle entraînerait, que les créanciers ne fussent pas dépouillés d'une partie du gage sur lequel ils avaient compté.

Les contestations qui chaque jour s'élèvent devant les tribunaux entre créanciers privilégiés, pour savoir le rang auquel ils doivent être colloqués, devraient être rendues impossibles par un classement légal des priviléges.

Il faudrait enfin décider si la vente, pour produire ses effets à l'égard des tiers, est ou non assujétie à la transcription, et mettre ainsi fin aux indécisions dans lesquelles placent les dispositions entièrement opposées du code civil et du code de procédure.

CODE DE COMMERCE.

Du billet à ordre.

Le billet à ordre est un acte qui porte promesse de payer une certaine somme à la personne au profit de laquelle il est fait, ou à celle à laquelle elle mandera de payer.

Il doit énoncer : 1° la somme à payer ; 2° l'époque à laquelle le paiement doit s'effectuer ; 3° la date du jour où il a été souscrit; 4° le nom de la personne à l'ordre de laquelle il est souscrit; 5° la valeur qui a été fournie en espèces, en marchandises, en compte ou de toute autre manière, et 6° la cause pour laquelle il a été souscrit.

Dans ces diverses énonciations, il en est certaines qui sont indispensables : ce sont les deux premières : la somme à payer et l'époque du paiement ; sans elles, le titre ne pourrait subsister.

L'omission des autres n'emportera pas sa nullité ; mais elle entraînera presque toujours des contestations. Ainsi le défaut de date soulèvera la question de savoir si le souscripteur du billet était ou non capable de le souscrire.

Si la personne à l'ordre de laquelle le billet est souscrit n'est pas nommée, le titre changera entièrement de nature et deviendra un billet au porteur.

Le défaut de désignation de la valeur fournie exposera celui qui a reçu le billet, à la nécessité de prouver qu'il en a réellement fourni la valeur.

La dernière énonciation enfin, celle de la cause de l'émission du billet, quoique rarement accomplie, est cependant des plus importantes; car c'est elle qui décide de la nature du billet, et en fait, selon les cas, un acte de commerce ou une simple promesse. Le billet à ordre n'est pas de plein droit effet commercial : il n'est réputé tel que lorsqu'il a sa cause dans une opération de commerce. Alors, que le souscripteur soit négociant ou ne le soit pas, il est considéré comme acte de commerce. ét, en cette qualité, soumis à la juridiction commerciale pour toutes les contestations auxquelles il peut donner lieu. Son émission au contraire, n'a-t-elle pas une cause commerciale, il est assimilé à une véritable promesse et rentre dans la compétence des tribunaux ordinaires.

Comme cette cause est rarement indiquée dans le corps du billet, la loi, pour éviter des débats toujours dispendieux, a établi que le billet dont la cause ne serait pas exprimée, serait regardé comme simple promesse, lorsqu'il émanerait d'un non négociant, et comme acte de com_merce, toutes les fois qu'un négociant l'aurait souscrit.

Lorsque le billet à ordre constitue un effet de commerce, destiné, comme la lettre de change, à suppléer à l'insuffisance du numéraire, il est soumis aux mêmes dispositions qu'elle, pour tout ce qui concerne l'échéance, l'endossement, la solidarité, l'aval, le paiement par intervention, le protêt, les droits et les devoirs du porteur.

D'après cela, le porteur d'un billet à ordre peut en transmettre la propriété par un simple endos, et les divers endosseurs seront tous solidairement tenus du paiement du billet vis-à-vis du dernier porteur. Mais pour qu'il en soit ainsi, il faudra que ce porteur présente le billet au souscripteur le jour même de l'échéance, le fasse protester dans les vingt-quatre heures suivantes en cas de refus de paiement, et poursuivre dans la quinzaine les endosseurs. Dans le cas où le souscripteur se refuserait à en payer le montant, une tierce personne pourrait valablement intervenir et le payer pour lui. Ce paiement le subrogerait à tous les droits du porteur. Enfin, l'aval mis par une personne sur un billet à ordre l'obligerait à le payer, si le souscripteur se trouvait insolvable au moment de l'échéance.

De la prescription.

La prescription que le législateur a autorisée contre les effets de commerce, diffère entièrement de la prescription ordinaire. Elle n'amène pas comme elle à des résultats, nécessaires peut-être, mais généralement iniques. Elle ne fait que soustraire aux liens du droit civil.

Sa durée est de cinq ans. Elle commence à compter du jour du protêt ou des dernieres poursuites judiciaires, et s'il n'y a pas eu de protêt, du jour où il aurait dû être fait.

Cette prescription est du nombre de celles qu'on appelle de courte durée. Elle n'est point interrompue par l'état des personnes, et par conséquent court contre les mineurs et les interdits. La force majeure seule peut l'interrompre.

Lorsque la novation fait changer l'effet de commerce de nature, la prescription court à partir de l'époque où le nouveau titre a été fait, et suit entièrement sa nature, c'est-à-dire qu'elle devient, selon les cas, quinquennale ou trentenaire.

La prescription commerciale peut être rendue inefficace par le porteur du titre. Ce dernier a le droit d'obliger le débiteur à affirmer par
serment qu'il s'est acquitté de sa dette. Il est évident que ce serment
ne saurait être déféré aux endosseurs, car la négociaton du titre ne les
a pas enrichis le moins du monde. Ces derniers pourront du reste se
se dispenser de le prêter en opposant la déchéance.

CODE ADMINISTRATIF.

—

Des contraventions en matière administrative.

L'un des principaux attributs du pouvoir est de veiller à la sécurité et à la salubrité publique. Pour remplir cette mission, ils font ce que l'on appelle des réglements d'administration publique.

Les ministres, les préfets, les maires, qui sont les principaux agents de ce pouvoir ont, chacun dans sa sphère, le droit de faire des réglements obligatoires. Ceux des ministres obligent tous les citoyens; ceux des préfets ne concernent que les habitants du département; ceux des maires enfin regardent seulement les habitants de la ville de la municipalité de laquelle ils sont les chefs.

Ces réglements ne peuvent prononcer aucune peine. Ils ont leur sanction dans les dispositions du code pénal, qui détermine les peines applicables à l'infraction aux dispsitions réglementaires faites par l'au-torité compétente.

L'infraction à ces divers réglements , ou en d'autres termes les contraventions administratives sont en général réprimées par l'autorité judiciaire. L'autorité administrative ne connaît que de celles que la loi lui a formellement départies, et leur nombre en est peu considérable. Quelquefois même elle ne connaît des contraventions qui lui sont attri-buées, que sous un certain rapport ; les tribunaux les jugent sous l'au-tre Un examen détaillé de la matière va mieux nous convaincre.

L'autorité judiciaire est seule compétente pour réprimer les contraventions : aux réglements de police municipale, départementale, ou centrale ; aux lois et réglements concernant la police rurale ; aux lois et réglements qui ont pour objet, la conservation des bois et forêts ou la pêche fluviale ; aux lois qui régissent les contributions indirectes , les douanes, etc.; aux réglements concernant les octrois ; aux réglements des Monts-de-Piété ; aux lois et réglements sur la police des mines ; aux lois et ordonnances concernant les ateliers insalubres ; etc., elle est tenue de faire l'application de ces divers réglements, sans s'occuper de leur opportunité ou de leur convenance. Elle ne peut leur refuser sanc-tion que lorsqu'ils ont été faits en dehors du cercle des attributions conférées par la loi , à l'autorité de laquelle ils émanent.

Les contraventions dont la connaissance appartient en partie à l'au-torité administrative, en partie à l'autorité judiciaire, sont celles de petite voirie. En cette matière, l'autorité administrative constate la con-travention et la fait disparaître ; l'autorité judiciaire prononce l'amende et la prison, s'il y a lieu. Quelques exemples feront mieux sentir cette division de compétence.

Des arbres ont été plantés dans les limites fixées pour la largeur d'un chemin vicinal : l'administration les fait arracher, et les tribunaux appliquent la peine destinée à punir cette espèce de contravention. —

Un individu intercepte les communications, en coupant le chemin par un fossé, en y construisant une digue, en plaçant des barrières aux deux extrémités. L'administration ordonne que le fossé sera comblé, que la digue sera détruite, que les barrières seront enlevées; mais les tribunaux seuls infligeront au contrevenant, l'amende ou la prison selon le cas.

Il est à remarquer que cette division de compétence n'est pas toujours observée. La jurisprudence du conseil d'Etat est malheureusement en opposition complète avec celle de la cour de cassation sur ce point délicat. Le conseil d'Etat, par ses décisions, attribue la connaissance pleine et entière de ces contraventions aux tribunaux administratifs, et leur permet de prendre des mesures conservatrices et répressives à la fois. La cour de cassation, au contraire, soutient par ses arrêts que les tribunaux peuvent seuls en connaître. Espérons que cette divergence cessera, et que ces deux grands corps adopteront l'opinion que la doctrine consacre presque sans exception.

Les seules contraventions, dont la connaissance exclusive est donnée par la loi à l'autorité administrative, sont celles de grande voirie. Pour elles, les conseils de préfecture sont à la fois des tribunaux de conservation et de répression.

Sont réputées contraventions de grande voirie : Les anticipations, empiètements, usurpations, creusement de fossés, excavations, plantations de haies, constructions de murs, dépôts de fumiers ou d'autres objets, et toute espèce de détériorations commises sur les grandes routes ou rues formant prolongement des routes nationales ou départementales, sur les arbres qui les bordent, sur les fossés, ouvrages d'art et matériaux destinés à leur entretien, sur les canaux, fleuves et rivières navigables, leurs chemins de hallage, francs-bords et ouvrages d'art.

Sont assimilées aux contraventions de grande voirie, et, par conséquent, assujéties à la même juridiction qu'elle :

1° Les dégradations ou détériorations des ouvrages d'art destinés au déssèchement des marais, aux digues contre les torrents, rivières, et fleuves, ou à celles construites sur les bords de la mer et des lacs, aux quais et aux portes maritimes de commerce ou de canaux.

2° Les plantations sans autorisation sur les bords de la mer et les infractions aux réglements des ports.

3° Les constructions ou plantations faites en opposition aux règles qui déterminent les servitudes des places de guerre. Le principe est le même pour les fouilles ou dépôt de décombres dans les zônes de ces places.

4° Les contraventions aux réglements concernant les eaux minérales.

5° Les contraventions des propriétaires de mines, exploitants, non encore concessionnaires, ou autres personnes, aux lois et réglements concernant les mines.

6° La négligence des concessionnaires d'une mine appartenant à plusieurs personnes ou à une société qui n'ont point justifié, dans les délais fixés, des mesures par eux prises pour assurer l'unité de la concession, ou l'inobservation des conventions ayant pour objet d'atteindre ce but.

7° Toutes les contraventions qui concernent la voirie urbaine de la capitale : dégradations, encombrement, défaut d'alignement, travaux confortatifs, etc.

Dans tous ces cas, l'autorité administrative ordonne, non seulement la démolition et l'enlèvement des matériaux déposés par les contrevenants, mais encore elle les condamne à l'amende édictée par la loi ; elle ne peut jamais la diminuer. Si, par cas, ces contraventions qui appartiennent exclusivement à l'autorité administrative, sont l'occasion de violences, de rixes ou de voies de fait, les tribunaux administratifs prononcent sur la contravention, seulement, .et laissent la répression des violences aux tribunaux ordinaires.

Cette thèse sera soutenue dans l'une des salles de la Faculté de droit de Toulouse, le 7 août 1850.

Vu par le Président de la Thèse,

CHAUVEAU

Toulouse, imprimerie Legarrigue, allée Lafayette, 5.